Inhaltsverzeichnis

Alltagserfahrungen und Mentalitäten in beiden deutschen Staaten

ALLTAGSERFAHRUNGEN UND MENTALITÄTEN IN BEIDEN DEUTSCHEN STAATEN

Die deutsche Teilung prägte das Leben der Menschen in Ost und West nachhaltig. Ihr wisst darüber nur aus Geschichtsbüchern, Filmen oder Erzählungen und dennoch ist sie in eurem Lebensumfeld präsent. Die Erfahrungen der Älteren wirken auch auf euch, sie prägen euch bewusst oder unbewusst. Das Verstehen des Vergangenen kann helfen, uns selbst und aktuelle Probleme zu begreifen. In diesem Kapitel werdet ihr das Leben der Menschen in typischen Alltagssituationen und Lebensbereichen östlich und westlich der ehemaligen deutsch-deutschen Grenze untersuchen. Ihr werdet Gemeinsamkeiten finden, aber auch Trennendes feststellen. Und ihr werdet Gründe ableiten können, warum der Vereinigungsprozess sich viel schwerer gestaltet, als es 1990 noch angenommen wurde.

Wied

Karikatur von Antonio Mai

Die Mauer ist gefallen

Spielmannszug eines Hamburger Schützenvereins, 1980er Jahre.
In der Bundesrepublik war die Vereinskultur stark ausgeprägt.

Plakat der Neuen Frauenbewegung, 1970er Jahre

Im Supermarkt, 1959
Die Regale sind wieder gefüllt. Italienische Produkte wie der populäre Chiantiwein werden gern gekauft, erinnern sie doch an den Urlaub in Italien.

Klasse bei der Arbeit
Neue demokratische Lehr- und Unterrichtsformen setzen sich in vielen Schulen der Bundesrepublik in den 1970er Jahren durch.

Volkssportlauf in Dresden, 1980er Jahre
In der DDR trieben viele Menschen in der Freizeit Sport, vor allem in den Betriebssportgemeinschaften.

Jugendweihe, 1979
Die meisten Jugendlichen der DDR nahmen an der Jugendweihe teil. Dabei wurden sie feierlich in den Kreis der Erwachsenen aufgenommen. Und Geschenke gab es auch reichlich.

ung

tugal) vom 2. Oktober

„Frauen gehören an den Arbeitsplatz und Männer in die Leitung – mit dieser noch anzutreffenden Meinung ist endlich Schluss zu machen."
Karikatur aus einer FDGB-Zeitschrift, 1963

Grunauer Straße in Dresden, 1954
Die 1945 völlig zerstörte Innenstadt wird wieder aufgebaut.

1. Die 1950er Jahre

Bescheidener Wohlstand im Westen ...

Obwohl die meisten Deutschen lange Zeit die Hoffnung auf die deutsche Einheit bewahrten, war die Teilung bereits in den 1950er Jahren eine Tatsache. Politisch, wirtschaftlich und sozial entwickelten sich die beiden deutschen Staaten immer weiter auseinander (vgl. Themeneinheit „Von der Teilung zur Wiedervereinigung: Deutschland nach 1949“, Schülerbuch S. 88 ff.). Das spiegelte sich natürlich auch im Alltag der Menschen in Ost und West wider.
Der rasante wirtschaftliche Aufschwung der Bundesrepublik brachte ab Mitte der 1950er Jahre auch den Arbeitern und Angestellten einen bescheidenen Wohlstand. Dieses „Wirtschaftswunder“, das bis Mitte der 1960er Jahre anhielt, erfüllte die Bundesbürger mit Stolz, einer blühenden und angesehenen Wirtschaftmacht anzugehören, und vermittelte ihnen die Überzeugung: „Wir sind wieder wer!“ Dafür galt es, aber auch, hart zu arbeiten: Arbeitszeiten von 49,8 Stunden wöchentlich galten 1955 als Durchschnitt, sie wurden bis 1961 auf 46,2 Stunden gesenkt.

... eine dünne Warendecke im Osten

Den DDR-Bürgern wurde 1958 als ökonomische Hauptaufgabe verkündet, die „Überlegenheit der sozialistischen Gesellschaftsordnung gegenüber der Herrschaft des Imperialismus“ zu beweisen. Nun endlich wurde die bis dahin noch vorhandene Lebensmittel-Rationierung abgeschafft. Doch die von Reparationen und Demontagen geschwächte materielle Basis konnte den Wettlauf mit dem Westen nicht aufnehmen. Die dünne Warendecke und das zentrale Planungssystem erschwerten die Verteilung. Es wurde in der DDR zum Dauerproblem, dass die Käufer mancherorts Waren vergeblich suchten, deren zeitweiliger Überfluss an anderer Stelle ein Ende der Versorgungskrise erhoffen ließ. Und so kaufte man, was es gerade gab, „auf Vorrat“. Das erschwerte die Wirtschaftsplanung zusätzlich und sorgte für Unzufriedenheit.

Q1 Eigenheimsiedlung in Aachen, um 1958
Zu Beginn der 1950er Jahre herrschte auch in der Bundesrepublik noch große Wohnungsnot und nur wenige konnten sich ein solches Eigenheim leisten. Doch mit steigenden Löhnen und dank großzügiger Wohnungsbaukredite bauten sich bald auch Arbeiter ihr Häuschen im Grünen.

Q2 Neubauwohnungen in Ostberlin, 1950er Jahre
In der DDR überwog der staatliche Wohnungsbau, private Eigenheime waren dagegen eher selten anzutreffen. Ab 1954 wurden im Rahmen von Arbeiterwohnungsgenossenschaften Wohnungen gebaut. Dennoch blieb bis zum Ende der DDR der Wohnungsmangel ein zentrales Problem.

Obwohl die mittelständischen Unternehmen in der DDR einen erheblichen Anteil an der Produktion und Versorgung leisteten, wurden sie zunehmend als kapitalistische Elemente diffamiert. Ihre Inhaber wurden wesentlich höher besteuert und hatten mit anderen Benachteiligungen zu rechnen. Beispielsweise durften deren Töchter und Söhne trotz erfolgreichem Abitur erst dann ein Studium antreten, wenn sie sich mindestens ein Jahr in der sozialistischen Produktion „bewährt" hatten. Menschen mit derartigen Erfahrungen resignierten mit der Zeit, viele passten sich an und arrangierten sich mit dem Leben in der DDR. Jedoch nicht alle: Viele flohen in den Westen. So verlor die DDR Tausende engagierte und qualifizierte Arbeitskräfte.

Aufbaustimmung und Identitätssuche der DDR-Bürger

Trotz aller Probleme und Schwierigkeiten war der Aufbau der Städte und Fabriken begleitet von der privaten Hoffnung, bald wieder zu einem normalen Leben zurückkehren zu können. Auch in der DDR waren viele Menschen durchaus bereit, sich für einen Neubeginn zu engagieren, selbst wenn sich nicht augenblicklich Erfolge zeigten. Große gemeinschaftliche Aktionen sollten vor allem die jüngere Generation an „ihre sozialistische Heimat" binden.
Zu einem besonderen Ereignis wurde beispielsweise das II. Deutsche Turn- und Sportfest 1956 in Leipzig, bei dem ein neues Stadion für 100.000 Gäste eingeweiht wurde. Viele Menschen aus Leipzig und Umgebung hatten dafür zahlreiche freiwillige und unentgeltliche Aufbaustunden geleistet. Nun sollten dort Sportler die Stärke ihres jungen Landes präsentieren. Ungeachtet der dahinter stehenden Propaganda wurden solche Veranstaltungen begeistert angenommen, zumal sie eine lange bis ins 19. Jahrhundert zurückreichende Tradition aufgriffen.
Große Aufmerksamkeit galt seit Mitte der 1950er Jahre der Internationalen Friedensfahrt. Dieses bedeutendste Etappenrennen der Amateurradsportler war 1947 als Gegenstück zur „Tour de France", dem bekannten westeuropäischen Profirennen, begründet worden. Der Sachsen-Anhaltiner Gustav-Adolf Schur, genannt Täve, der das Rennen 1955 gewann, wurde zu einem Idol vieler junger DDR-Bürger. Als später in viele Haushalte der Fernseher Einzug gehalten hatte, waren mit Ertönen der Friedensfahrt-Fanfare sich eilig leerende Spielhöfe und Straßen zu beobachten. Sport begeisterte überhaupt viele junge und ältere Menschen: In

Q3 **Internationale Motorradmeisterschaften auf dem Sachsenring bei Hohenstein-Ernstthal, 1956**
Fahrer stehen am Start zum Rennen der 125 cm^3-Klasse. Der Besuch solcher Sportereignisse war eine beliebte Freizeitbeschäftigung in Ost und West.

Betriebs- oder Schulsportsportgemeinschaften konnte man nahezu unentgeltlich und nicht vordergründig leistungsorientiert Sport treiben. Das Motto „Jeder Mann an jedem Ort, jede Woche mehrmals Sport“ wurde im Alltag umgesetzt.
Der Feriengestaltung widmete der Staat große Aufmerksamkeit; für Familienurlaube wurden mit Unterstützung der Gewerkschaft FDGB die ersten Ferienheime eingerichtet. Einen FDGB-Urlaubsplatz zu bekommen, war aber nicht leicht, denn die Kapazität reichte bei weitem nicht aus. Und so war es durchaus üblich, einen „Urlaubsplatz“ im Kinderzimmer von privaten Vermietern zu nutzen und so für wenig Geld landschaftlich reizvolle oder einfach einmal fremde Gegenden kennen zu lernen.

Neues Selbstbewusstsein der Bundesbürger

Die bundesrepublikanische Gesellschaft war gleichermaßen vom Bemühen um Neubeginn geprägt und orientierte sich dabei an allem, was aus dem Westen, besonders aus den USA, kam. Viele Menschen vertrauten auf die großen Parteien der repräsentativen Demokratie und einen starken Kanzler und kümmerten sich vornehmlich ums Private. Eine unvorstellbare Welle der Begeisterung begleitete die Fußball-Weltmeisterschaft 1954. Der Freudentaumel über den Titelgewinn nach einem 3:2-Sieg im Endspiel gegen Ungarn schien ein ganzes Volk aus den Ent-

Q4 Waschmittelwerbung in der DDR, Plakat von 1953
Es wurde nicht nur für das Produkt geworben, sondern gleichzeitig eine politische Botschaft ausgesendet.

Q5 Werbeplakat der Konsumgenossenschaft, DDR 1953
Gleichzeitig wird für den FDGB und seine Ferienheime geworben.

behrungen und Depressionen der Nachkriegszeit zu reißen. Die „Helden von Bern“ wurden inoffiziell auch im ostdeutschen Staat gefeiert.
Optimismus und neues Selbstwertgefühl fanden die D-Mark-gestärkten Bundesbürger auch auf den ersten Auslandsreisen, die sie vor allem nach Österreich und Italien führten. Zunächst konnten sich das aber nur wenige leisten. Außerdem hatten die Arbeitnehmer damals meist nur 15 Urlaubstage im Jahr – und das bei einer 6-Tage-Arbeitswoche. So verreiste man innerhalb Deutschlands oder blieb zu Hause. Dort schaute man gern Heimatfilme, hörte Heimatlieder und träumte sich so in eine „heile Welt“. Der nostalgische Film „Sissi“, ein typisches Produkt seichter Unterhaltung, führte ein Millionenpublikum in eine idyllische heile Traumwelt und lenkte es von den Härten des Alltags ab.
In der knappen Freizeit, vor allem am Wochenende, wurde in der Familie gemeinsam gespielt, Radio gehört; später gab es die Samstagabend-Shows im Fernsehen. Solche Gewohnheiten glichen sich in Ost und West.
Noch mangelte es an Wohnungen. In gewaltiger Aufbauleistung wurden die vom Krieg zerstörten Innenstädte neu bebaut und Siedlungen errichtet. Lange galt es als schick, in den engen, kleinen, hellhörigen Neubauten zu leben. Die nur schleppend zu renovierten Altbauten waren damals keine begehrten Wohnobjekte.
Die für die Bundesrepublik weit verbreiteten Einrichtungs- und Lebensvorstellungen waren auch von DDR-Bürgern ersehnt, nur war ihnen der Zugang dazu erschwert oder gar unmöglich.

Q2 Empfang für Fritz Walter in seiner Heimatstadt Kaiserslautern, 8. Juli 1954
Er war mit der Fußballnationalmannschaft am 4. Juli in Bern Weltmeister geworden.

Wohnzimmereinrichtung, BRD Q7

1957

Sogenannte Nierentische und Tütenlampen zierten die Wohnzimmer. Tapeten anstelle von gestrichenen Wänden sollten Behaglichkeit und Wohlstand vermitteln. Viele hielten jedoch an herkömmlichen Wohnaccsessoires fest: Röhrende Hirsche und Kuckucksuhren, Alpenlandschaften und in Holzscheiben eingebrannte Sprüche waren typisch. Die nachfolgende Generation beschimpfte solche Wohnungen als „Spießerhöhlen".

Q8 Kindheit in den 1950er Jahren

Ein Bonner erinnert sich:

Als ich Kind war, also Ende der fünfziger, Anfang der sechziger Jahre, da sah es in der Acherstraße anders aus als heute.

Es gab keine sogenannte Fußgängerzone […], aber dafür viel weniger Lastwagen, die uns Kinder beim Spielen im Weg waren. Es gab ganz gewöhnliche Geschäfte, wo man Brot, Eier, Milch, Käse, Obst, Gemüse und Wurst kaufen konnte. Bei uns schräg gegenüber gab es Kaffee und Schokolade und Bonbons – auch einzeln aus hohen Gläsern –, nebenan bekam man Wild und Geflügel. Es gab einen Installateurladen, das war gut, wenn im Winter im Haus die Wasserleitungen eingefroren waren, denn Heizungen gab es nur in wenigen Häusern. Die anderen, wie unseres, hatten Öfen, die mit Kohlen oder Briketts und später auch mit Öl geheizt wurden. Bei uns nebenan gab es auch einen Schuster, da konnte ich meinen Ranzen flicken lassen, wenn der beim Prügeln nach der Schule mal wieder kaputtgegangen war.

Aber das Wichtigste war nicht das Aussehen von der Straße, das Wichtigste war das Leben in der Straße. Es war nämlich so, dass in den Häusern überall und von unten bis oben Menschen gelebt haben und dass die damals fast alle Bönnsch Platt gesprochen haben, so wie ich jetzt. Meistens waren das die Familien, denen das Geschäft unten (im Haus) gehörte. Auch wir hatten früher einen Laden und wohnten darüber im Haus. Bei uns in der Familie gab es einen Opa, eine Tante, die für uns Kinder wie eine zweite Mutter war und die den Haushalt führte, die Eltern und vier Kinder. Woanders in der Straße war das ähnlich, und so gab es immer genug Kinder, mit denen man spielen konnte. Und wir konnten wirklich in der Stadt spielen, auch wenn man sich das heute nicht mehr vorstellen kann. […]

Übrigens, […] unsere Straße war damals wirklich nicht so schmutzig wie heute, denn jeder musste vor seiner Türe meistens morgens und abends den Schmutz wegfegen oder auch putzen und wenn man das nicht gemacht hätte, dann hätten einen die anderen Leute schon darauf aufmerksam gemacht.

http://www.dhm.de/lemo/forum/kollektives_gedaechtnis/108/index.html [10. Mai 2007]. Autor: Alfons Weingarten

Q9 Ein harmloser Streich?

Aus den Erinnerungen eines sächsischen Arbeiters an seine Jugend in der DDR in den 1950er Jahren:

Ich habe von 1952 bis 1954 gelernt, und zwar Schlosser im Werkstoffprüfmaschinenwerk. Wir lernten den Beruf in einem Lehrwerk zusammen mit Lehrlingen aus dem späteren Kirow-Werk. Bei so viel Lehrlingen sind natürlich auch verschiedene Dinge vorgefallen. Junge Leute sind gern mal aufsässig. Oft wurden schon Kleinigkeiten bestraft, denn damals waren die Moralschwellen noch wesentlich niedriger.

1953 machten wir eine Lehrlingsfahrt. Es hatte sich eine Truppe zusammengetan, vielleicht sieben, acht

Jungen, die alles gemeinsam unternahmen. Zum Abschluss der Fahrt fotografierten sie sich gemeinsam dort draußen im Grünen – und alle nackt. Über die Gesichter hatten sie eine Zeitung gehalten, man sah nur die Körper. Ein tolles Foto. Dann haben sie das Foto in die Lehrwerkstatt mitgebracht. Alle waren natürlich scharf auf dieses Bild, und auch der Lehrmeister fragte, ob er das Foto mal sehen darf. Aber dann gab es Ärger. Denn die Zeitung war das „Neue Deutschland" und deshalb hat der Lehrmeister sie angeschwärzt. Das war ihm sowohl politisch als auch moralisch bedenklich. Dieses Foto ist nach damaligem Verständnis schon halb als Pornographie angesehen worden. Die Jungs haben viele, viele Arbeitseinsätze machen müssen und eine Verwarnung bekommen. […]
Aber wir haben dort eine einwandfreie Ausbildung bekommen. Alle handwerklichen Fertigkeiten, die zu unserem Beruf gehören, wurden uns beigebracht. Und nach der Lehre hat jeder Lehrling eine Arbeitsstelle vermittelt bekommen.

Zit. nach: Thomas Ahbe; Michael, Hofmann: Es kann nur besser werden. Erinnerungen an die 50er Jahre in Sachsen. Leipzig: Gustav Kiepenheuer Verlag 2001, S. 13 f.

Q10 Supermarkt in der Bundesrepublik, 1955
Der Tante-Emma-Laden hat ausgedient. Selbstbedienungsläden mit einem reichhaltigen Angebot künden vom Wirtschaftswunder.

Q11 Miele Waschmaschine, 1950
Aus einem Prospekt der Firma Miele

Q12 Handmixgerät, Ende der 1950er Jahre
Elektrische Haushalthelfer auch in DDR-Küchen

Q13 Sportbegeisterung in der DDR
Autogrammkarte von der Friedensfahrt. Die Idole wurden begeistert gefeiert.

Q14 Gruppengymnastik in Freyburg/Unstrut
Viele wurden von einer regelrechten „Turnwelle“ erfasst.

Q15 Pionierlager in Trassenheide, 1952
Während die Eltern arbeiteten, wurden die Kinder zwei oder drei Wochen lang in Ferienlagern betreut.

Q16 Camping an einem Bergsee, BRD 1955
Mit zunehmender Motorisierung nahm diese Urlaubsform zu.

Fragen und Anregungen

1. Stelle den Lebensalltag der Bundesbürger dem der DDR-Bürger in den 1950er Jahren gegenüber. (VT, Q1-Q16)
2. Diskutiert die Attraktivität der Identifikationsangebote für die Jugendlichen in den neu gegründeten Staaten.
3. Gehe auf Spurensuche in deinem Heimatort und stelle dem Bericht über Bonn einen aus deinem Ort gegenüber. (Q8)
4. Kalter Krieg – auch im Sport?

a) Informiere dich über sportliche Erfolge beide Staaten in den 1950er Jahren.

b) Verfasse einen Zeitungsbericht über ein sportliches Ereignis aus der jeweils anderen Sicht in der damaligen Zeit.

c) Weise an deinem eigenen Text die Perspektivität der Darstellung nach.

2. Lebensalltag in Ost und West in den 1970er Jahren

Leben in Ost und West im Wandel

Der Aufbruch der „68er Bewegung" veränderte auch den Alltag der bundesdeutschen Gesellschaft. „Ein Mehr an Lebensqualität" und „Chancengleichheit für alle" waren Formeln, mit denen die Regierung unter Willy Brandt ihre innenpolitischen Reformen bezeichnete. In der DDR verbanden die Bürger mit dem Machtwechsel von Walter Ulbricht zu Erich Honecker 1971 Hoffnungen auf Liberalisierung und wachsenden Wohlstand. Die auf dem VIII. Parteitag der SED proklamierte „Einheit von Wirtschafts- und Sozialpolitik" (s. Schülerbuch, S. 118 ff.) versprach, die Lebensqualität der Bevölkerung zu heben.

Bundesbürger genießen Wohlstand ...

Menge und Vielfalt des Warenangebotes in den expandierenden Kaufhaus- und Supermarktketten nahmen in den 1970er Jahren unvermindert zu. Infolgedessen mussten in den Innenstädten immer mehr kleine Einzelhandelsgeschäfte schließen und starben aus. Produkte für alle Lebensbereiche waren in verschiedenen Preisgruppen im Angebot – für jeden wurde es möglich, seine Kaufbedürfnisse zu befriedigen. Fast-Food-Restaurants entwickelten sich zu einem vor allem von Jugendlichen genutzten Trend der Zeit. Die erste deutsche Filiale der amerikanischen Gastronomie-Kette „Mc. Donalds" wurde 1971 in München eröffnet. Mit ihren preiswerten, übersichtlich verpackten und sofort, auch zum Mitnehmen, erhältlichen Speisen erzielte sie mit dem Werbeslogan „Das etwas andere Restaurant" (1971), später „Essen mit Spaß" (1987), großen Erfolg. Gleichzeitig regte sich aber auch Kritik gegen die teilweise ungesunde Zubereitung und Zusammensetzung der Produkte. Zur Freizeitgestaltung boten in einer künstlich geschaffenen „Spaß"-Welt Vergnügungsparks Abwechslung für die ganze Familie. 1975 öffnete z. B. der Europa-Park Rust seine Tore. Der Wohlstand zeigte sich auch in den bevorzugten Urlaubszielen: Diese lagen nun auf den Kanarischen Inseln, den Mittelmeerinseln oder gar in Ländern ferner Erdteile.

Q1 **VW Golf, Baujahr 1976**
Ein jugendliches, dynamisches, sportliches Fahrzeug in knalligen Farben rollte ab 1974 vom Band und verdrängte den VW-Käfer, einst Wahrzeichen des Wirtschaftswunders.

Q2 **Ski-Urlauber im französischen Wintersportort Val d'Isere, 1974**
Der Urlaub wurde anspruchsvoller. Sport- und Erlebnisreisen lagen im Trend, die entsprechende Kleidung und Ausrüstung ebenso.

... und leben Meinungsfreiheit

Das Jahrzehnt war aber auch von Meinungspolarisation und Protesten gekennzeichnet. Die Ölkrise von 1973 zog erste tiefere Einschnitte in das Leben der Menschen nach sich. Das Schlagwort vom „begrenzten Wachstum“ drang zunehmend ins Bewusstsein; Arbeitslosigkeit wurde zum Dauerproblem. Die fröhliche Konsumwelt sowie der Raubbau an der Natur gerieten mehr und mehr in die Kritik. All dies führte zu einer Suche nach alternativen Lebensformen: Schwelgten viele Bürger im Konsumrausch, übten andere Konsumverzicht aus Überzeugung. Jugendliche betrachteten das Leben in der elterlichen Familie als zunehmend bürgerlich-spießig und bevormundend und zogen es vor, mit Gleichaltrigen in Wohngemeinschaften zu leben. Protest zeigte sich bisweilen auch in einem um sich greifenden Drogenkonsum, vor allem unter Jugendlichen. Heroin war die Droge der 1970er Jahre; ihr Konsum verkörperte die totale Flucht der Süchtigen aus einer Leistungs- und Wohlstandsgesellschaft, deren Überfluss auch Überdruss produzierte.
Die durch das rasante Wirtschaftswachstum verursachten Umweltprobleme wurden ebenfalls öffentlich thematisiert; auch die Sorge um die Erhaltung des Weltfriedens zog immer mehr Menschen zu Massendemonstrationen auf die Straße. Vor diesem Hintergrund verschaffte sich neben der blühenden Rockmusik das politische Lied von Liedermachern, wie Reinhard Mey, Hannes Wader, Konstantin Wecker und Franz Josef Degenhardt, Gehör.
Nach alternativen Konzepten wurde auch bei der Bildung und Erziehung gesucht. Kinder sollten zu Demokraten und nicht zu „Anpassern“ erzogen werden. Vor allem in SPD-regierten Bundesländern entstanden viele Gesamtschulen, die die Kinder nicht mehr in Haupt- und Realschulen bzw. Gymnasien trennten. Gemeinsames Lernen sollte die Chancengleichheit für alle Kinder und Jugendliche wahren. Ein heftig diskutiertes Konzept stand unter der Losung „Spielt, was ihr wollt, lernt, was ihr wollt“ („Laissez faire“ = „Lasst machen“). Damit wurde versucht, den Leistungsdruck der Gesellschaft durch selbstbestimmtes Lernen zu ersetzen.

Bescheidener Wohlstand in der DDR

In den 1970er Jahren konnten in der Wirtschafts- und Sozialpolitik (s. Schülerbuch, S. 118) Fortschritte erreicht werden, die einen lang ersehnten, aus heutiger Sicht eher bescheidenen, Wohlstand ermöglichten. Zwischen 1971 und 1980 wurde fast

Q3 Laborschule Bielefeld
Die Versuchsschule der Universität Bielefeld wurde 1974 gegründet. In großen Räumen lernen, lose voneinander abgeschirmt, unterschiedliche Gruppen. Zensuren und Sitzenbleiben sind hier unbekannt.

Q4 Jugendliche in einer Privatwohnung
An die Wände haben die Bewohner Poster von Lenin, Che Guevara und Picassos „Guernica“ gepinnt. Viele Erwachsene fühlten sich durch die lockere Lebensart provoziert.

eine Million Wohnungen gebaut. Junge Familien konnten einen zinslosen Kredit von 5.000 DDR-Mark aufnehmen, um ihre Wohnungen einzurichten und unverzichtbare Haushaltgeräte zu kaufen. Der Rückzahlungsbetrag wurde entsprechend der Anzahl der Kinder reduziert, beim dritten Kind entfiel er ganz. Das Warenangebot verbesserte sich vorübergehend und der Sozialismus schien attraktiver zu werden. Dennoch konnte der Bedarf bei weitem nicht gedeckt werden. Der Verkauf von Waren „unterm Ladentisch" und Beziehungen zu Handwerkern, als „Vitamin B" bezeichnet, halfen, manches Versorgungsproblem zu lösen. Die unzähligen nach der begehrten Westkosmetik, nach Kaffee oder Südfrüchten duftenden Westpakete ließen den Wohlstand des Westens, nicht selten neidvoll, erahnen.

Vorsichtige kulturelle und moralische Öffnung

Jugendliche wollten sich auch in der DDR modisch kleiden und sie orientierten sich dabei fast immer am Westen. Und nichts war so begehrt wie Jeans. Um diesen Bedürfnissen entgegenzukommen, wurden in den Städten Modeboutiquen namens „Sonnidee" eröffnet. Manchmal gab es dort sogar Kleidung aus dem Westen zu kaufen. Jedoch die zweitklassigen, nicht aber preiswerten, DDR-Jeans konnten dem Vergleich mit einer echten „Wrangler" oder „Levis" überhaupt nicht standhalten.
Das Hören und Sehen des Westfunks wurde zunehmend geduldet und in Fernsehunterhaltungssendungen traten nun auch Künstler aus dem westlichen Ausland und der Bundesrepublik auf. Der Jugendsender „DT 64" war sehr populär, denn er spielte auch westliche Musik. Es durften aber nur solche Titel ins Programm aufgenommen werden, die keine Systemkritik an der DDR enthielten. DDR-Rock-Bands spielten solche Musik, die die Jugend hören wollte; die Sehnsucht nach den internationalen Hits aus dem Westen blieb dennoch bestehen. Ausgewählte Literatur aus der Bundesrepublik oder dem westlichen Ausland konnte, wenn auch nur in geringen Auflagen bereitgestellt, erworben werden. Es handelte sich zumeist um Werke gesellschaftskritischer Autoren.
Die in den 1950er und 1960er Jahren noch bestimmenden konservativen Ehe- und Familienvorstellungen brachen in den 1970er Jahren auf. Ehe und Kinderwunsch wurden zunehmend voneinander entkoppelt, unehelich geborene Kinder und das Zusammenleben ohne Trauschein fanden in der Gesellschaft Akzeptanz. Die

Q5 Schrankwand „Leipzig 3-1"
Möbel dieser Art standen in vielen DDR-Wohnungen. Sie kaufen zu können, war angesichts der großen Nachfrage allerdings stets mit größeren Schwierigkeiten verbunden.

Q6 WM-Vorrundenspiel DDR gegen die Bundesrepublik, 22. Juni 1974 im Hamburger Volksparkstadion
Jürgen Sparwasser erzielt das 1:0 für die DDR, der spätere Weltmeister ist besiegt. Sportliche Erfolge erzeugten bei vielen DDR-Bürgern Stolz auf ihr Land.

„Wunschkindpille", ab 1972 kostenlos verschrieben, unterstützte die Familienplanung. Im gleichen Jahr wurde auch der Schwangerschaftsabbruch legalisiert. Eltern wurde man zumeist in jungem Alter; auch Studium und Kinderkriegen waren miteinander vereinbar. Die an Stränden und auf Campingplätzen sich ausweitende Freikörperkultur (FKK) steht für ein aufgeklärtes und unverkrampftes Körperbewusstsein vieler DDR-Bürger.

Leben zwischen Anpassung und Widerspruch

Die permanente ideologische Erziehung in allen Bereichen des Lebens und die garantierte soziale Sicherheit bewirkten, dass die in den 1950er Jahren Geborenen sich mit ihrem Land weitgehend im Konsens befanden. Das änderte sich ab Mitte der 1970er Jahre in dem Maße, wie die wirtschaftliche Entwicklung stagnierte und die Wünsche nach individuellem Wohlstand sowie geistigen und kulturellen Freiräumen wieder mit Bevormundung und ideologischem Druck beantwortet wurden. Außerhalb von Arbeit, Schule und offiziellen Veranstaltungen, im Privaten, wurde ausgiebig über die Defizite des DDR-Alltags diskutiert und auch geschimpft. Dies offiziell zu tun, war mit Ausgrenzung und Disziplinarmaßnahmen verbunden – wenige wagten es deshalb.

1976 wurde mit der Ausbürgerung des Liedermachers Wolf Biermann eine Lawine des politischen Zweifelns an der Glaubhaftigkeit des Sozialismus ausgelöst. Die Parteispitze der SED entledigte sich auf diese Weise eines unliebsamen, unbequemen Systemkritikers. Zwölf führende Intellektuelle der DDR protestierten unmittelbar darauf öffentlich in einer Petition gegen die Ausbürgerung, allerdings erfolglos. In der Folge verließen zahlreiche DDR-Künstler das Land. Die Hoffnung auf demokratische Reformen des Sozialismus und mehr persönliche Freiheit in der Honecker-Ära verflog. Viele Menschen verfielen in Lethargie.

Q7 Weltfestspiele 1973 in Ost-Berlin
Tausende Jugendliche nahmen begeistert daran teil. Solche Veranstaltungen wurden seitens der DDR-Regierung stets zur Bestätigung ihrer Politik instrumentalisiert. Und doch war das Engagement für Frieden und Völkerfreundschaft der Teilnehmer aufrichtig. Internationale Jugendtreffen waren aber auch aus anderen als politischen Gründen attraktiv, denn sie brachten einen Hauch von „großer weiter Welt" in den ansonsten eher abgeschotteten DDR-Alltag.

Q8 Die Pflichten der Jugend

Aus dem „Gesetz über die Teilnahme der Jugend an der Gestaltung der entwickelten sozialistischen Gesellschaft und über ihre allseitige Förderung in der Deutschen Demokratischen Republik – Jugendgesetz der DDR" vom 28. Januar 1974:

§ 1 […] Es ist ehrenvolle Pflicht der Jugend, die revolutionären Traditionen der Arbeiterklasse und die Errungenschaften des Sozialismus zu achten und zu verteidigen, sich für Frieden und Völkerfreundschaft einzusetzen und antiimperialistische Solidarität zu üben. […] Die jungen Menschen sollen sich durch Eigenschaften, wie Verantwortungsgefühl für sich und andere, Kollektivbewusstsein und Hilfsbereitschaft, Beharrlichkeit und Zielstrebigkeit, Ehrlichkeit und Bescheidenheit, Mut und Standhaftigkeit, Ausdauer und Disziplin, Achtung vor den Älteren, ihren Leistungen und Verdiensten sowie verantwortungsbewusstes Verhalten zum anderen Geschlecht auszeichnen. Sie sollen sich gesund und leistungsfähig halten. […]

§ 4 (Abs.) 1 Die Staats- und Wirtschaftsfunktionäre und die Lehrer und Erzieher sind verpflichtet, in enger Zusammenarbeit mit den Leitungen der Freien Deutschen Jugend die Politik der Sozialistischen Einheitspartei Deutschlands und der Arbeiter- und Bauernmacht zu erläutern und ihr die politische Bedeutung der Aufgaben zu erklären, die ihr übertragen werden.

Verfassung der Deutschen Demokratischen Republik und Jugendgesetz. Berlin, 1987, S. 41ff.

Q9 Klaus Renft Combo

Die Fans nannten die Musiker die Stones des Ostens. Nach der Aufführung der „Rockballade vom kleinen Otto" 1975 bekam die Band Aufführungsverbot. Klaus Renft ging 1976 in den Westen.

Q10 Rockballade vom kleinen Otto

Text: Gerulf Pannach, Musik: Thomas Schoppe

Seine Kinderjahre
Lagen ihm im Magen
Wie Steine, doch er weint nicht mehr
Manchmal sagte Otto
Leben ist wie Lotto
Doch die Kreuze macht ein Funktionär!

Ob ich nach Norden
Ob ich nach Norden
Ob ich nach Norden flieh?

Als er mal ein Foto
Sah vom großen Otto
Aus Hamburg an der Reeperbahn
Schrieb dem Namensvetter
Er: Du bist mein Retter
Der mir die Freiheit kaufen kann!

Hol mich nach Norden
Hol mich nach Norden
Hol mich oder ich flieh!

Die deutschen Mark, die harten
Ließen auf sich warten
Da ging er an die Autobahn
und fuhr ungefährdet
Bis nach Wittenberge
Dort sprang er auf'n Elbekahn

Hol mich nach Norden
Hol mich nach Norden
Hol mich oder ich flieh!

Nimm mich mit oh Kapitän
Auf die Reise!
Nimm mich mit oh Kapitän
Durch die Schleuse!

Nach dem Tütenkleben
Wollt er nicht mehr leben
Er fuhr nach Wittenberge rauf
Und ging in die Elbe
Die Stelle war dieselbe
Vielleicht taucht er in Hamburg wieder auf.

Hol mich nach Norden
Hol mich nach Norden
Hol mich oder ich flieh!

Q11 **Szene aus dem DEFA-Film „Die Legende von Paul und Paula", 1973**

Dieser Film thematisierte das Recht auf individuelles Glück fernab von Konventionen. Deswegen wurde er nur kurze Zeit im Kino aufgeführt. Für Millionen Jugendliche wurde er jedoch zu einem Kultfilm.

Q12 **Hannes Wader, Konzert 1979**

Q13 **Es ist an der Zeit**

Text und Musik: Hannes Wader (nach Eric Bogle)
Das Lied von 1976 wurde zur Hymne der Friedensbewegung.

Weit in der Champagne im Mittsommergrün
dort, wo zwischen Grabkreuzen Mohnblumen blüh'n,
da flüstern die Gräser und wiegen sich leicht
im Wind, der sanft über das Gräberfeld streicht.
Auf deinem Kreuz finde ich, toter Soldat,
deinen Namen nicht, nur Ziffern, und jemand hat
die Zahl neunzehnhundertundsechzehn gemalt
und du warst nicht einmal neunzehn Jahre alt.

Ja, auch dich haben sie schon genauso belogen,
so wie sie es mit uns heute immer noch tun,
und du hast ihnen alles gegeben,
deine Kraft, deine Jugend, dein Leben.

Hast du, toter Soldat, mal ein Mädchen geliebt?
Sicher nicht, denn nur dort, wo es Frieden gibt,
können Zärtlichkeit und Vertrauen gedeihn.
Warst Soldat, um zu sterben, nicht um jung zu sein.
Vielleicht dachtest du dir, ich falle schon bald,
nehme mir mein Vergnügen, wie es kommt,
mit Gewalt.
Dazu warst du entschlossen, hast dich aber dann
vor dir selber geschämt und es doch nie getan.

Soldat, gingst du gläubig und gern in den Tod?
Oder hast du verzweifelt, verbittert, verroht, deinen
wirklichen Feind nicht erkannt bis zum Schluss?
Ich hoffe, es traf dich ein sauberer Schuss.
Oder hat ein Geschoss dir die Glieder zerfetzt,
hast du nach deiner Mutter geschrien bis zuletzt,
bist du auf deinen Beinstümpfen weitergerannt
und dein Grab, birgt es mehr als ein Bein, eine Hand?

Es blieb nur das Kreuz als einzige Spur
von deinem Leben, doch hör meinen Schwur:
Für den Frieden zu kämpfen und wachsam zu sein.
Fällt die Menschheit noch einmal auf Lügen herein,
dann kann es geschehn, dass bald niemand mehr lebt,
niemand, der die Milliarden von Toten begräbt.
Doch längst finden sich mehr und mehr Menschen
bereit, diesen Krieg zu verhindern, es ist an der Zeit.

Q14 Solidaritätslied

Text: Bernd Rump, Musik: Jürgen Magister

Dieses ist einer der Songs aus der DDR-Singebewegung, die häufig in öffentlichen Veranstaltungen nicht aufgeführt werden durften.

Wenn wir abends müde sind und nicht so recht zufrieden,
können wir doch nicht vergessen, essen heißt nicht überall satt essen und es ist nicht überall schon Frieden.

Denn die Krähen steigen immer noch zum Himmel
und der Drache mit den sieben Köpfen auch.
Seine Weiber geh'n einher mit schwang'rem Bauch,
seine Jungen reiten einen Schimmel.

Fallen übers Land her immer, wenn sie können,
immer, wenn wir schwach sind, manchmal sind wir schwach
und die Köpfe wachsen immer wieder nach,
bis den letzten wir vom Rumpfe trennen.

Junge Welt, Beilage 1972

Q15 Wolf Biermann im Konzert am 13. November 1976 in Köln

Am 16. November 1976 wurde ihm die „Staatsbürgerschaft aberkannt". Er erfuhr aus dem Autoradio, dass ihm „die zuständigen Behörden der DDR" das Recht auf weiteren Aufenthalt in der Deutschen Demokratischen Republik entzogen haben.

Antiautoritärer Kindergarten, 1972 Q16

Weil es zu wenige Kinderbetreuungsplätze in der Bundesrepublik gab, richteten Eltern oft selbst sogenannte Kinderläden ein. Mitunter setzte sich dort eine antiautoritäre Erziehung durch, d.h. die Kinder konnten tun, was sie wollten, und brauchten sich keinerlei Regeln anzupassen. Neben großer Zustimmung erfuhr diese Erzeihungsweise auch heftige Kritik.

Fragen und Anregungen

1. Untersuche das Alltagsleben der Menschen in der Bundsrepublik und DDR in den 1970er Jahren (VT). Diskutiert in der Klasse Gemeinsamkeiten und Unterschiede im jeweiligen politischen Umfeld.
2. Der 22. Juni 1974 (Q6) – war es nur ein sportliches Ereignis? Befragt Eltern, Verwandte, Bekannte nach ihrem Erleben dieses Fußballspiels. Recherchiert in der Literatur und im Internet nach der diesem Spiel zugewiesenen Bedeutung dies- und jenseits der deutsch-deutschen Grenze.
3. Die Lieder und der Film (Q10, Q11, Q14) aus der DDR unterlagen alle der Zensur – mit unterschiedlichen Folgen. Prüfe, inwieweit sie der Zielsetzung des Jugendgesetzes der DDR (Q9) widersprachen. Beurteile die Maßnahmen der SED-Funktionäre gegenüber Kritikern.
4. Das Friedenslied des westdeutschen Liedermachers Hannes Wader „Es ist an der Zeit" (Q13) wurde auch in der DDR viel gehört und gesungen. Untersucht die Gründe für die Popularität dieses Liedes in der damaligen Zeit. Worin besteht seine Bedeutung in unserer Gegenwart?

3. Die 1980er Jahre und die deutsche Einheit

Neue Medien und mehr Freizeit verändern den Alltag

Der Alltag der meisten Bundesdeutschen zeichnete sich in den 1980er Jahren durch das Streben nach zunehmend individuellen Lebenskonzepten in einer auf Leistung orientierten Gesellschaft aus. Der technologische Fortschritt führte zu nie gekannter Produktivität und in immer mehr Branchen wurden die Arbeitszeiten verkürzt und individuelle Zeitpläne eingeführt. So vereinbarten 1985 die Tarifparteien der Metall- und Elektroindustrie nach langem Streik die Einführung der 38,5-Stunden-Woche bei Zahlung der gleichen Löhne. In der daraus resultierenden längeren arbeitsfreien Zeit nutzten viele Menschen die zahlreichen neuen Angebote der Unterhaltungs- und Freizeitindustrie. Fitness- und Wellnessclubs befriedigten zum Beispiel einen neuen Trend zur Körperkultur: Man trieb nicht wie bisher einfach nur Sport, sondern verband neu entwickelte Sportangebote (z.B. Aerobic oder Bodybuilding) mit Massagen und Solarienbesuchen. Der jung gebliebene und durchtrainierte Körper wurde für viele zum Aushängeschild des eigenen Erfolgs. Auch das Einkaufen wurde in immer aufwändiger dekorierten Warenhäusern und Einkaufsmeilen zu einem Freizeiterlebnis ausgebaut, das alle Sinne ansprechen sollte. Dafür wurde das englische Wort „Shopping" gebräuchlich.

Mit der Zulassung privater Sender trat auch das Fernsehen in ein neues Zeitalter ein. Video- und Satellitentechnik sowie Kabelfernsehen boten zunehmend differenziertere Unterhaltungsangebote. Neben der Weiterentwicklung bewährter Sendungen wie Fernsehshows gingen auch neue Formate auf Sender. Diese reichten von anspruchsvollen Magazinen, abwechslungsreichen Filmangeboten bis hin zu Talkshows, Lokalberichten und Dauerwerbung. Somit wurden alle Gesellschaftsschichten erreicht und der Fernsehkonsum nahm deutlich zu.

Der Siegeszug des Personalcomputers fällt ebenfalls in die 1980er Jahre. Veränderungen brachte er zuerst im Arbeitsleben: Von der Produktion bis zur Buchhaltung wurde er einsetzbar. Berufe mit einfachen Tätigkeiten fielen deshalb immer rascher der Rationalisierung zum Opfer. Neue Berufsbilder und Tätigkeitsfelder entstanden und damit die Notwendigkeit, sich ständig weiterzubilden. Doch schon bald schafften sich viele Menschen einen PC für den privaten Gebrauch an, an dem sie nach Feierabend begeistert tüftelten, Briefe und andere Schriftstücke verfassten – oder auch spielten.

Die digitale Technik sprach vor allem auch die Kinder und Jugendlichen an. In den Schulen wurde der

Q1 „Der Sonne entgegen"

Titelseite der Zeitschrift „Metall" vom 20. August 1980. Schon seit den 1970er Jahren kämpften die Gewerkschaften in der Bundesrepublik für die 35-Stunden-Woche, um die wachsende Arbeitslosigkeit einzudämmen. Das Ziel erreichte die IG Metall erst in den 1990er Jahren.

Taschenrechner eingeführt, Computerkabinette wurden eingerichtet und schnell hielten die PCs in viele Kinderzimmer Einzug. Immer häufiger verbringen seitdem viele Kinder und Jugendliche ihre Freizeit vor dem Computerbildschirm.

Die Suche nach privatem Glück in der Mangelwirtschaft

Auch in der DDR wurde der Alltag maßgeblich von der Leistungsfähigkeit der Wirtschaft mitbestimmt. Diese war jedoch zunehmend weniger in der Lage, die Ansprüche der Bevölkerung zu befriedigen. Zwar waren die einfachsten Dinge des täglichen Bedarfs stark subventioniert (ein Brötchen kostete fünf Pfennige) und in der Regel auch erhältlich, doch darüber hinaus war vieles knapp und überteuert. Ein Farbfernseher beispielsweise kostete über 6.000 DDR-Mark. Einheimische Qualitätswaren wurden in den so genannten „Delikat-“ und „Exquisit-Läden“ zu Fantasiepreisen angeboten. In „Intershops“ wurden Westprodukte nur gegen Westwährung verkauft. Die Unterversorgung blieb also ein ständiges Problem. Kein Wunder, dass ein großer Teil des Alltags von der Jagd auf begehrte Güter bestimmt war. Die Menschen kauften Waren, sobald sie in den Geschäften eintrafen, unabhängig davon, ob sie diese gerade brauchten oder nicht. Baustoffe, PKW-Ersatzteile oder keramische Wandfliesen wurden auf Vorrat beschafft, nicht zuletzt weil sich damit Tauschbeziehungen unterhalten ließen.
Dennoch versuchten die meisten Menschen in der DDR, ein normales Leben zu führen, indem sie Fehlendes mit Improvisationen und oftmals selbstgestalteten Alternativen ersetzten. Da beispielsweise Fernreisen nicht möglich und andere Urlaubsangebote oft knapp waren, breitete sich – gerade unter Jugendlichen – der sommerliche Rucksacktourismus aus: Sie fuhren auf eigene Faust in benachbarte sozialistische Länder. Andere unternahmen auf Flüssen und Seen Paddeltouren mit Faltbooten oder zelteten an der Ostsee.
Zusammenhalt und Hilfsbereitschaft waren grundlegende Werte, um Versorgungsengpässe und Dienstleistungsmängel überstehen zu können: Mütter nähten ihren Kindern Kleidung nach modernem Schnitt – so wurde z. B. notdürftig das Bedürfnis nach westlichen Produkten befriedigt. In den Hausgemeinschaften herrschte oftmals ein reges Sozialleben: An den Wochenenden sah man gerade in Neubaugebieten die Mieter bei der gemeinsamen Vorgartengestaltung oder bei Autoreparaturen.
Gleichwohl wuchs die Unzufriedenheit mit den alltäglichen Lebensumständen. Die Zahl der Menschen, die die DDR verlassen wollten, nahm ständig zu. Viele Menschen führten ein Nischendasein, z. B. in den weit verbreiteten Kleingartenanlagen. Sie beugten sich am Arbeitsplatz oder bei offiziellen Veranstaltungen mit „Lippenbekenntnissen“ der SED-Ideologie, lebten aber zuhause oder im Freundeskreis ein Leben, aus dem sie die Politik zumeist verbannten. Infolge zunehmender

Q2 Forumscheck für den Einkauf im Intershop
DDR-Bürger durften keine Westwährung besitzen und waren verpflichtet, diese sofort in Forumschecks einzutauschen. Damit sollten im Umlauf befindliche Devisen schnell in Staatshand gelangen.

Q3 Computer KC 85 aus DDR-Produktion
Die DDR hatte sich das ehrgeizige Ziel gesetzt, eine eigene Computerindustrie zu entwickeln. Die geringen Stückzahlen und der hohe Preis verhinderten eine Verbreitung von Computern im privaten Bereich. Sie fanden aber Eingang in Schulen und Universitäten.

gesellschaftlicher und ökonomischer Probleme und durch die oppositionelle Umwelt- und Friedensbewegung wurde gegen Ende der 1980er Jahre aus dem stillen jedoch zunehmend ein offener Protest. Die „freie Rede“ wurde schon Jahre vor der Friedlichen Revolution geprobt.

Suche nach Alternativen und Opposition in West und Ost

Zu der immer stärker auf Konsum ausgerichteten Lebenshaltung suchten viele Menschen in der Bundesrepublik nach Alternativen. Die Rock- und Punkbewegung entwickelte neue, provozierende Musikstile und thematisierte in kritischen, in Deutsch verfassten Texten die Kehrseite des Wohlstands: gesellschaftliche Dekadenz, Drogenabhängigkeit unter Jugendlichen, ein selbstsüchtiges Leben auf Kosten der Mitmenschen. Auch der Kriegsgefahr durch das andauernde Wettrüsten wurde in ihren Titeln Ausdruck verliehen. So traten Künstler wie Udo Lindenberg und andere auf Veranstaltungen der Friedensbewegung auf. Getrieben von der permanenten Angst vor einem Atomkrieg zwischen den Supermächten USA und Sowjetunion war diese in jener Zeit zu einer bedeutenden außerparlamentarischen Kraft geworden. 300.000 Menschen versammelten sich z. B. 1981 im Bonner Hofgarten, um gegen den NATO-Doppelbeschluss zu demonstrieren, der die Stationierung von Atomraketen in der Bundesrepublik und in ganz Westeuropa vorsah.

Q4 **Titelblatt der Zeitschrift „Bunte“, Heft 21, 1986**
Nach dem Reaktorunfall von Tschernobyl traten die Gefahren auch einer friedlichen Nutzung der Atomkraft deutlich zutage. Umweltschützer und Atomkraftgegner weiteten ihren Protest aus.

Q5 **Besetztes Haus in Berlin-Kreuzberg, 1980er Jahre**
Während bezahlbare Wohnungen fehlten, ließen Besitzer ihre Häuser verfallen, um sie dann abreißen oder aufwendig sanieren zu lassen. Solche Häuser wurden besetzt und teilweise instand gesetzt.

Das Aufbegehren von Ökogruppen gegen die immer weitere Umweltzerstörung und die Betonierung der Landschaft durch infrastrukturelle und industrielle Großprojekte (Neu- und Ausbau der Flughäfen und Autobahnen, Atomkraftwerke) bestimmte zunehmend die öffentliche Diskussion. Mit dem Aufkommen der Ökologiebewegung kauften auch immer mehr Menschen Nahrungsmittel, die ohne Pflanzenschutzmittel und übermäßige Düngung auf sogenannten Ökobauernhöfen hergestellt wurden.
Die unter dem Dach der Kirche entstandenen unabhängigen DDR-Friedens- und Umweltgruppen wandten sich gegen Rüstung auf allen Seiten ebenso wie gegen die zunehmende Umweltverpestung durch die veralteten Produktionsanlagen der DDR-Wirtschaft. „Wehrkunde-Unterricht“ und „vormilitärische Ausbildung“ an den Schulen wurden immer offener kritisiert. Musik und alternative Jugendkultur hatten bei der Suche nach neuem Lebenssinn eine ebenso große Bedeutung wie im Westen. Die anwachsende Oppositionsbewegung in der DDR stärkte das Selbstbewusstsein der Bürger und leitete damit die „Wende“ in der DDR ein.

Einigungstaumel – Einigungsjammer – Einigungsgewinn

Der Herbst 1989 (vgl. Schülerbuch, S. 146) versetzte die Deutschen in Ost und West vorübergehend in eine Einheitseuphorie. Viele Bewohner der DDR vertrauten nach dem Beitritt der DDR zur Bundesrepublik angesichts des desolaten Zustands ihres Landes auf eine schnelle wirtschaftliche Erholung und die rasche Steigerung des Lebensstandards. Da das auf Eigenverantwortung gestützte westdeutsche Gesellschaftsmodell zum Maßstab des ostdeutschen Wandlungsprozesses wurde, waren die Menschen in den ostdeutschen Bundesländern schlagartig veranlasst, sich in fast allen Lebensbereichen umzuorientieren, während die Westdeutschen den einsetzenden „Aufbau Ost“ vor allem durch erhöhte Steuern und Abgaben bemerkten. Wo in der Diktatur alles vorgegeben worden war, hatten die Ostdeutschen jetzt selbst zu entscheiden: eine Krankenkasse zu wählen, Kaufverträge genau zu lesen, sich in veränderten Verwaltungsstrukturen zurechtzufinden und vieles andere mehr. Viele Bürger mussten neue Berufe erlernen, weite Arbeitswege in Kauf nehmen oder sich mit Langzeitarbeitslosigkeit abfinden. Nach wie vor wandern in jedem Jahr auch Tausende junge Leute in die alten Bundesländer ab, weil sie im Osten keinen Ausbildungs- oder Arbeitsplatz finden. Die Ostdeutschen lernten, dass die überreiche westliche Warenwelt nicht ohne Anpassung an westliche Lebenseinstellungen zu gewinnen war, die Westdeutschen, dass die Sicherung der staatlichen Einheit in Frieden und Wohlstand auch von ihnen Veränderungs- und Opferbereitschaft verlangt.
Viele Menschen indes nutzen die neu gewonnenen Freiheiten des friedlich vereinigten Deutschlands zur Gestaltung eines selbstbestimmten beruflichen und persönlichen Lebens. Nach den ersten Wendewirren vertrauten die Ostdeutschen wieder Werten wie Arbeitsbereitschaft und Improvisationstalent, Flexibilität und Solidarität. Diese bringen sie in die Gestaltung der gemeinsamen deutschen Zukunft ein.

Reform Q6
Federzeichnung von Borislav Sajtinac, 1989

Backwarengeschäft in Ostberlin Q7

Es mangelte nicht an Brot, sondern an Verkaufsstellen und pünktlicher Lieferung.

Q8 Die „zurückgebliebene" DDR

Mädchen aus der DDR stellten in den 1980er Jahren über Besuche ihrer Altersgenossen aus der Bundesrepublik in einer Jugendherberge fest:

Die Bundis [Bundesdeutschen] kommen. Man erkennt sie fast immer sofort. Knallenge Levis-Jeans oder Streifenhosen, Adidas und Prinzenrolle. Sie kommen über die Grenze, über die wir fast niemals kommen dürfen. Sie bekommen Fleisch, Bockwürstchen und Sahnetorte in der Jugendherberge und wundern sich, dass wir vor Fleischereien und Gemüseläden Schlange stehen. Morgens erheben sie sich stöhnend aus den Betten in den Sechser-Zimmern, motzen über die Waschräume und wollen zurück in ihre Einzelzimmer mit Bad und Toilette. [...] Unsere Geldscheine sind zu klein, die Häuser zu alt, das Brot zu billig, die Kartoffeln zu hart, die Straßen zu holprig, die Leute zu langweilig. Insgesamt sind sie sowieso was Besseres, wir was Schlechteres, aber es war ganz lustig, in der DDR gewesen zu sein – und nächstes Jahr geht es wieder nach Spanien.

Zit. nach: W. Büscher, P. Wensierski: Null Bock auf DDR, Aussteigerjugend im anderen Deutschland. Hamburg 1984, S. 181.

Q9 „Sie sind keine anderen Menschen"

Ein Mädchen aus Westberlin äußerte sich 1982 über das geteilte Deutschland:

Ich wohne ca. 6 km entfernt von der Mauer in Berlin-Spandau [...] Ich sollte erstmal erwähnen, dass ein Großteil meiner Verwandten in Ost-Berlin oder Thüringen wohnt. Dadurch bedingt war ich schon sehr häufig in Ostdeutschland. Das Wort „Ostdeutschland" gefällt mir besser als DDR. Meiner Ansicht nach ist Ostdeutschland kein fremdes oder gar Ausland. Auf beiden Seiten der Mauer ist Deutschland und wohnen Deutsche. Ich habe viele Freunde und Bekannte in Thüringen und versuche, jedes Jahr mindestens einmal zu ihnen zu fahren. Ich habe mich viel mit Gleichaltrigen unterhalten. Sie sind nicht etwa andere Menschen, sondern haben die gleichen Probleme und Sorgen wie wir auch. Klar, sie müssen für Jeans über 100,- bezahlen, können nicht einfach in einen Laden gehen und alle Schallplatten kaufen. Aber das steht mehr am Rand.

Zit. nach: Alles klar? Eine Jugendsendung Live vom WDR. Sendung vom 5. 3. 1982 „Die DDR – das ist für mich ein fremdes Land". Manuskript Folge 44. In: Uwe-Wolfgang Friedrich: DDR. Deutschland zwischen Elbe und Oder. Stuttgart u.a.1989, S. 9 f.

Q10 **DDR-Jugendliche im Rilagebirge/Bulgarien, 1988**

Q11 **Mannheimer Schüler in London, 1984**

Q12 Junge Mutter in einer Plattenbausiedlung, 1983
Für viele war die Familie die Nische, in der sie glücklich waren.

Q13 Mitarbeiter der Umweltbibliothek in der Berliner Zionskirche
Das Foto wurde von Mitarbeitern der Stasi aufgenommen, als sie in der Nacht vom 24. zum 25. November 1987 die Umweltbibliothek durchsuchten und zwei Mitarbeiter festnahmen. Nach Protesten und Solidaritätsbekundungen mussten diese wieder freigelassen werden. In der Umweltbibliothek trafen sich Oppositionsgruppen und tauschten sich über Umweltschutz, Friedenspolitik und die Menschenrechtslage in der DDR aus.

Q14 Die Nischenmentalität der Deutschen in Ost und West

Der Publizist Günter Gaus in einer Rede vom 16. Dezember 1989:

Die Entdeckung der Nischen in der DDR war für mich wesentlich, nicht so sehr als Beschreibung für die DDR-Nischenbewohner, sondern als Beschreibung für die BRD-Nischenbewohner. Es hat mich sehr getröstet, dass bei allem Unrecht, bei allen Schikanen, bei aller Willkür immer noch die Möglichkeit da war, Glück und Unglück, beides in den verschiedensten Arten von Nischen zu haben. In der Bundesrepublik hat man gedacht, dies sei nur eine Besonderheit der DDR, was natürlich Unsinn ist. Wenn es den Menschen gut geht – und den Menschen in der Bundesrepublik geht es besser als den Menschen in der DDR, jedenfalls materiell –, dann ist ihr normaler Aufenthaltsort die Nische.

Günter Gaus: Über Deutschland und die Deutschen. Berlin 1990, S. 731f.

Q15 Fehlende Anteilnahme?

Der Historiker und Journalist Peter Bender schrieb 2007 über das Ungleichgewicht von Ost und West:

Die Unterschiede wären erträglich und allmählich überwindbar gewesen, wenn nicht der Westen eine erdrückende Überlegenheit gehabt und genutzt hätte. Was sich von gleich zu gleich mit Argument und durch Erfahrung hätte ausgleichen lassen, blieb bestehen, weil Macht auf der einen Seite und hohe Empfindlichkeit auf der anderen die Verständigung erschwerten oder blockierten.

Stärkere setzen sich immer gegen Schwächere durch, aber unter Brüdern nicht mit blinder Rücksichtslosigkeit. Doch viele Westdeutsche meinten, durchaus brüderlich zu handeln. Im Osten alles so einzurichten, wie sie es bei sich hatten, war das Bequemste, doch es geschah auch im guten Glauben: Was sich bei uns bewährt hat, wird sich auch bei euch bewähren: Ihr seid Deutsche wie wir, habt die Kommunisten vertrieben und wollt Marktwirtschaft und Demokratie – also macht es wie wir.

[...] Ihnen fehlte der Sinn für die immateriellen Bedürfnisse der Ostdeutschen, er fehlte, weil es an Anteilnahme fehlte. Spätestens seit den siebziger Jahren hatten sich die glücklicheren Deutschen nicht mehr ernstlich für die anderen interessiert. Ihnen blieb schwer verständlich, dass man die SED zum Teufel wünschen und doch nicht alles schlecht finden konnte in der DDR.

P. Bender: Deutschlands Wiederkehr. Eine ungeteilte Nachkriegsgeschichte 1945-1990. Stuttgart 2007, S. 272.

Kontrovers

Ein demokratischer Neubeginn?

Q16 Demokratische Erfahrungen der Ostdeutschen

Der ostdeutsche Politiker Manfred Stolpe äußerte sich 1990 folgendermaßen:

Die westdeutsche Demokratie legt das Schwergewicht der aktiven Mitwirkung der Bürger auf deren Wahlentscheidung. In der Zwischenzeit wird Demokratie im Wesentlichen über die Medien dargestellt und ein Gefühl der Beteiligung geweckt, das im Grunde Passivität bis zum nächsten Wahlgang produziert. [...] Die demokratische Revolution in der DDR wurde von Bürgern bewegt, die den aufrechten Gang fanden und unmittelbar durch eigene Mitwirkung ihre Gesellschaft umgestalteten. Sie haben die Kraft von Bürgerbewegungen und die Möglichkeiten direkter Mitgestaltung in politischen Bereichen erfahren. Sie haben nach Jahrzehnten des Schweigens die Gelegenheiten basisdemokratischer Anfragen bei politischen Verantwortungsträgern eingeübt. Die junge Demokratie in Mitteldeutschland hat direktere Formen entwickelt.

Manfred Stolpe: Vorwort. In: Günter Gaus: Über Deutschland und die Deutschen. Berlin 1990, S. 11f.

Q17 Der letzte Ministerpräsident der DDR, Hans Modrow, schrieb 1998:

Weder Absprachen am Runden Tisch noch Forderungen der Regierung konnten die politische Fremdsteuerung der Wahlen zur DDR-Volkskammer am 18. März (1990) verhindern: Die etablierten Parteien der Bundesrepublik rüsteten mit unverhohlener Offenheit zur Okkupation von Atmosphäre, Raum und Zeit. Eine Invasion der „Berater" flutete das Land. Die Regierung hatte keine Chance, einschränkend zu wirken. Kein Zoll-Beamter vermochte die Unmenge der aus dem Westen kommenden Plakate zu stoppen, niemand konnte die technischen Mittel für den Wahlkampf zurückweisen, die Tausenden Wahlhelfer schon gar nicht – eine offene Grenze machte die DDR-Bürger zum Wahlvolk für den Westen. [...] Die meisten Menschen in der DDR, denen der konkrete, rasende Sekundenablauf in diesen Wochen und Monaten schier die Besinnung geraubt hatte, nahmen das dankbar auf.

Hans Modrow: Ich wollte ein neues Deutschland. Berlin: Dietz Verlag 1998, S. 446.

Fragen und Anregungen

1. Schreibt auf der Grundlage des VT und Q1 bis Q14 eine Reportage über Gemeinsamkeiten und Unterschiede des Alltagslebens in beiden deutschen Staaten vor der „Wende".
2. Ordnet die im VT benannten Alltagsprobleme der Menschen in Ost und West sowie deren Lösungen in einer zweispaltigen Tabelle.
3. Diskutiert die hinter den Problemlösungen stehenden Charaktereigenschaften der Menschen.
4. Versetzt euch in die Lage der beschriebenen Jugendlichen (Q8 und Q9) und charakterisiert deren Lebensgefühl mit drei treffenden Begriffen.
5. Diskutiert unter Bezug auf Q14 und Q15 die Frage, warum die Diktatur der DDR totz Unterdrückung und wirtschaftlicher Krisen 40 Jahre bestehen konnte.
6. Befragt eure Eltern und Großeltern nach ihren Erwartungen an die Wende aus damaliger und heutiger Sicht. Schlussfolgert auf zukünftige Gestaltungsmöglichkeiten und Gestaltungsnotwendigkeiten zur Vertiefung der deutschen Einheit.
7. Führt in der Klasse eine Pro- und Kontra-Diskussion zum Thema „Wurde die DDR 1990 gegen den Willen ihrer Bürger von der Bundesrepublik übernommen?" Bildet dazu zwei Diskussionsgruppen und tauscht nach einer kurzen Bedenkzeit eure Argumente aus. → **Kontrovers**

Wir in Deutschland, in Europa und in der Welt – eine Reise zu uns selbst: Eine Ausstellung gestalten

In den vorangestellten Kapiteln habt ihr Prägungen der Menschen im geteilten Deutschland untersucht. Die Vereinigung beider deutscher Staaten – einst Wunsch, später Illusion, und nun doch Wirklichkeit geworden, setzt die Menschen in ganz Deutschland vor große Herausforderungen. Sie wirft viele Fragen auf – z. B.: Was haben die deutsche Teilung und die damit verbundenen Lebensumstände der Menschen in den 1950er bis 1970er Jahren in Ost und West, was hat die Vereinigung (1990) mit mir/uns zu tun? Wie wichtig sind die Erfahrungen der Menschen damals für mich/uns heute? Wie nutzen wir sie bei der Gestaltung unseres zukünftigen Zusammenlebens in Deutschland und in der Welt?

Q1 „Weil sein Text gegen die Melodie verstößt ...“
Karikatur von Wolfgang Hicks, 1976, BRD

Q2 Begeisterte deutsche Fußballfans beim Spiel gegen Angola zur WM 2006

Q3 „Im Interesse der Menschheit: Ab und zu etwas ‚Unmenschlichkeit‘!“
Karikatur von Peter Dittrich, 1976, DDR

Gestaltet, vielleicht gemeinsam mit den anderen zehnten Klassen, in eurem Schulhaus eine Ausstellung unter dem Motto: „Wir in Deutschland, in Europa und in der Welt – eine Reise zu uns selbst“. Die Kapitel des Themenheftes geben euch Anregungen zu Alltagserfahrungen und Mentalitäten in den 1950er bis 1990er Jahren. Bedenkt, dass euer gegenwärtiges und zukünftiges Leben nicht ohne die Vergangenheit denkbar ist.

So könnt ihr vorgehen:
- Entwerft ein Konzept für eure Ausstellung mithilfe einer Mindmap. Sie sollte über das Leben in der Vergangenheit, also im geteilten Deutschland, und Gegenwart – im vereinten Deutschland – berichten und eure Zukunftsvorstellungen von einem Leben auf unserem Kontinent und darüber hinaus auf unserer Erde thematisieren.
- Bezieht die Erfahrungen eurer Eltern, Verwandten, Freunde mit der deutsch-deutschen Vergangenheit ein.
- Führt Zeitzeugengespräche und Gespräche mit verantwortlichen (Kommunal-) Politikern.
- Sammelt Fotos, Dokumente und Exponate. Recherchiert in Archiven und Museen.
- Ladet auch die Presse und das Fernsehen zur Eröffnung eurer Ausstellung ein.

Verzeichnis der Namen, Sachen und Begriffe

Verwendete Abkürzungen:
amerik. = amerikanisch, brit. = britisch, dt. = deutsch, dipl. = diplomatisch, engl. = englisch, estn. = estnisch, europ. = europäisch, express. = expressionistisch, frz. = französisch, holl. = holländisch, ital. = italienisch, Jh. = Jahrhundert, jüd. = jüdisch, kathol. = katholisch, lett. = lettisch, marokk. = marokkanisch, österr. = österreichisch, parl. = parlamentarisch, polit. = politisch, poln. = polnisch, preuß. = preußisch, prolet. = proletarisch, russ. = russisch, schwed. = schwedisch, sowjet. = sowjetisch

Bildnachweis

Umschlag: Getty Images [Chris Niedenthal] (München)
3,1: Haus der Geschichte [CCC, Boris Sajtinac] (Bonn), 3,2: AKG (Berlin), 3,3: Bundesarchiv [183/ M0802/411] (Koblenz)
4,1: Haus der Geschichte [CCC, Boris Sajtinac] (Bonn), 4,2: Haus der Geschichte [Antonio Calado da Ma] (Bonn), 4,3: Bilderberg [Wolfgang Kunz] (Hamburg), 4,4: Frauen-MediaTurm [Bernhard Schaub] (Köln), 4,5: BPK [Hans Hubmann] (Berlin), 4,6: Hans-Georg Krupp (Lingen), 4,7: Picture-Alliance [Kai-Uwe Wärner] (Frankfurt)
5,1: Bundesarchiv [Wolfgang Kluge, 183-1985-0705-021] (Koblenz), 5,2: BPK [Uhlenhut] (Berlin), 5,3: aus: Die Arbeit, Zeitschrift für Theorie und Praxis der Gewerkschaften. Herausgegeben vom Bundesvorstand des FDGB, Berlin 3/1963, Zeichnung: Böhnke, 5,4: Bundesarchiv [Höhne-Pohl, 183-27363-0001] (Koblenz)
6, Q1: AKG (Berlin), Q2: BPK [Herbert Fiebig] (Berlin)
7, Q3: BPK [Privatsammlung] (Berlin)
8, beide: DHM (Berlin)
9, Q6: AKG (Berlin)
10, Q7: BPK [Germin] (Berlin)
11, Q10 u. Q11: AKG (Berlin), Q12: BPK [Gerhard Kiesling] (Berlin)
12, Q13 bis Q15: Klett-Archiv [Kathrin Semechin] (Stuttgart), Q16: AKG (Berlin)
13, Q1: ullstein bild [AP] (Berlin), Q2: ullstein bild [von der Becke] (Berlin)
14, Q3: Laborschule [Alexander von Lengerke] (Bielefeld), Q4: ullstein bild [Binder] (Berlin)
15, Q5: Dokumentationszentrum Alltagskultur [VMI-Fotostudio] (Eisenhüttenstadt), Q6: Picture-Alliance [dpa/Witschel] (Frankfurt)
16, Q7: Bundesarchiv [183/ M0802/411] (Koblenz)
17, Q9: Agentur proCon (Leipzig)
18, Q11: ullstein bild [KPA] (Berlin), Q12: ullstein bild [s.e.t.] (Berlin)
19, Q15: ullstein bild [Zeckai] (Berlin), Q16: ullstein bild [Schumacher] (Berlin)
20, Q1: IG Metall (Frankfurt am Main)
21, Q2: Sandy Schygulla (Leipzig), Q3: (c) URZ Universität (Leipzig)
22,Q4: Bunte Entertainment Verlag GmbH (München), Q5: BPK [Jochen Moll] (Berlin)
23, Q6: Haus der Geschichte [CCC, Boris Sajtinac] (Bonn)
24, Q7: Bundesarchiv [146/2007/0112] (Koblenz), Q8: Klett-Archiv [Dr. Marcus Ventzke] (Stuttgart), Q11: Sandy Schygulla (Leipzig)
25, Q12: BPK [Gerhard Kiesling] (Berlin), Q13: Robert-Havemann-Gesellschaft, BStU Kopie (Berlin)
27, Q1: Haus der Geschichte [Wolfgang Hicks] (Bonn), Q2: ddp Deutscher Depeschendienst GmbH [Volker Hartmann] (Berlin), Q3: Haus der Geschichte [Peter Dittrich] (Bonn)

Nicht in allen Fällen war es uns möglich, den Rechteinhaber der Abbildungen ausfindig zu machen. Berechtigte Ansprüche werden selbstverständlich im Rahmen der üblichen Vereinbarungen abgegolten.